LE JEUNE PHILATÉLISTE

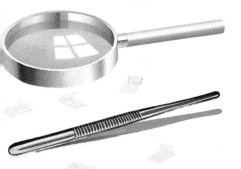

Judy Allen
Edité par Susan Meredith
Conçu par Iain Ashman
et Graham Round
Illustré par Graham Smith

Consultants spécialistes: Musée National
de la Poste de Londres et Douglas Muir
Traduction: Sylvaine Gasparini

Sommaire

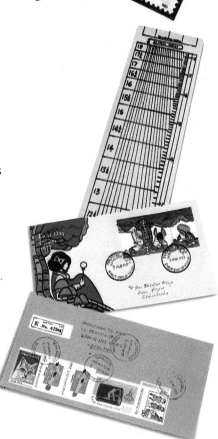

Dans ce livre, la plupart des timbres
sont reproduits grandeur nature.
Quand ces timbres ne sont pas
oblitérés, le règlement postal exige
que l'on imprime une barre en
travers de l'un de leurs coins. Cette
barre ne fait donc pas partie du
dessin du timbre.

Commencer une collection de timbres

Ce livre est un guide pratique qui vous initiera à la philatélie, c'est-à-dire à l'art de collectionner les timbres. Il vous renseignera sur les différents types de timbres qui existent et sur ce qui les rend intéressants ou leur donne de la valeur. Vous y trouverez des idées pour mettre en valeur votre collection de timbres.

Collectionner les timbres n'est pas un loisir coûteux: vous pouvez demander aux personnes que vous connaissez de vous mettre des timbres de côté et le matériel nécessaire n'est pas cher. Et, si vous montez une belle collection, avec un peu de chance, elle prendra de la valeur.

Pour commencer, vous pouvez garder tous les timbres que vous récupérez. Plus tard, quand vous saurez mieux quels sont ceux que vous pouvez vous procurer facilement, vous chois[irez] la spécialité de votre collection. Voici quelq[ues] exemples de spécialités.

1 Vous pouvez collectionner les timbres de certains pays seulement ou même d'un seul pays. C'est ce qu'on appelle collectionner par pays. Ici, tous ces timbres proviennent d'Allemagne.

2 Vous pouvez collectionner des timbres qui ont tous le même thème ou sujet, par exemple le sport ou encore les animaux. Vous aurez alors une collection thématique.

Où trouver des timbres

Commencez par conserver tous les timbres de votre courrier et de celui de votre famille et demandez aux personnes que vous connaissez d'en faire autant pour vous. Les personnes qui reçoivent beaucoup de courrier de l'étranger ou qui travaillent dans des compagnies en relation avec l'étranger pourront vous donner beaucoup de timbres de différents pays. Si elles ne peuvent pas vous donner les enveloppes entières, dites-leur qu'il est important de laisser un grand espace en coupant autour du timbre pour ne pas l'abîmer.

Si vous collectionnez les timbres de votre pays, vous pouvez, en plus de ceux que vous récupérez, faire des économies et en acheter régulièrement à la poste.

Pour commencer votre collection, vous pouvez acheter dans les magasins de jouets, dans une papeterie ou dans un magasin de timbres, une pochette de timbres. Ces pochettes contiennent des timbres d'un ou plusieurs pays ou des timbres ayant tous le même thème. Elles ne sont pas chères mais il faut se méfier car dans certaines, les timbres sont collés sur un fond et peuvent être abîmés quand on les sort. De plus, il ne faut jamais acheter les pochettes exposées en vitrine car le soleil décolore les timbres.

Si vous désirez un timbre particulier, vous pouvez l'acheter dans un magasin de timbres. Vous trouverez des publicités pour ces magasins dans les revues philatéliques.

Matériel

Voici le matériel dont vous aurez besoin. ▶

Des charnières à timbres pour fixer vos timbres dans un album.

Une loupe pour étudier les détails des timbres.

Un album pour y conserver vos timbres.

Des pinces pour manipuler les timbres sans les abîmer ni les salir. Utilisez des pinces à bouts ronds, car celles à bouts pointus peuvent trouer les timbres.

Des crayons pour annoter votre album.

Souvent, ces magasins font de la vente par correspondance: ils vous envoient un lot de timbres parmi lesquels vous choisissez ceux que vous voulez acheter. Renvoyez les autres en même temps que votre paiement dans les délais imposés, ou vous devrez payer tous les timbres.

Si vous avez des amis qui collectionnent le[s] timbres ou si vous faites partie d'un club philatélique (voir page 30), vous pouvez échanger vos timbres en double. Avant de faire ces échanges, assurez-vous que vous avez bien le double du timbre que vous voulez échanger et gardez toujours celui qui est dans le meilleur état.

3

Certaines personnes ne collectionnent que les enveloppes "premier jour". Ce sont des enveloppes mises en vente le premier jour d'émission d'un timbre. Vous collez dessus le timbre et vous postez l'enveloppe en vous l'adressant.

4

Vous pouvez ne collectionner que certains types de timbres. Ceux qui sont représentés ici sont dits commémoratifs, car ils ont été émis pour célébrer un anniversaire ou un événement particulier.

5

De la même façon que vous vous intéressez aux timbres, vous pouvez vous intéresser aux oblitérations. La collection d'oblitérations est une branche spécialisée de la philatélie.

Albums

Il existe une grande variété d'albums. Ceux qui sont représentés ici correspondent à une large gamme de prix.

Album pour les collections par pays. Sur les feuilles, certains timbres sont reproduits. Très utile pour les débutants.

Classeur pour collection par pays avec des feuilles quadrillées à en-tête. Permet au collectionneur de choisir la mise en page.

Classeur avec des feuilles quadrillées sans en-tête. Utile pour les collections thématiques et pour tous ceux qui veulent choisir l'agencement de leur collection.

Les anneaux des classeurs permettent d'obtenir une ouverture bien à plat et d'enlever ou de rajouter des feuilles. Vous pouvez acheter des feuilles volantes.

Album avec des pochettes en plastique transparent pour les enveloppes "premier jour".

Album avec des pochettes transparentes pour stocker les timbres en attendant d'organiser votre collection.

Album pour collectionner tous les timbres d'un pays. Chaque timbre y est reproduit et, à côté, il y a de la place pour mettre le vrai timbre. Réservé aux spécialistes d'un pays.

Catalogues

Pour identifier les timbres et pour connaître tous ceux qui existent, vous pouvez consulter un catalogue. Ceux qui sont édités par les marchands de timbres recensent tous les timbres émis jusqu'à ce jour. Vous pouvez avoir accès à une édition mise à jour dans une bibliothèque. Pour savoir comment utiliser un catalogue, regardez page 29.

Légendes

Vous pouvez, dans votre album, écrire des légendes à côté des timbres ou en haut des feuilles quand elles ne sont pas imprimées. Utilisez pour cela un crayon ou un stylo dont l'encre sèche vite. Si votre écriture n'est pas très lisible, vous pouvez utiliser une règle pochoir ou des décalcomanies que vous achèterez dans une papeterie. Vous y trouverez aussi des autocollants avec les noms de pays.

Les différents types de timbres

Voici quelques exemples des différents types de timbres qui existent. Beaucoup de timbres peuvent être classés dans plusieurs catégories: par exemple le timbre d'usage courant italien ci-dessous n'a maintenant plus cours et celui de la poste aérienne de San Marino est un timbre commémora La plupart des timbres réprésentés sur cette page sont des timbres illustrés.

Timbres d'usage courant

Timbre suisse

Timbres illustrés

Ce sont les timbres utilisés tous les jours. Leur dessin est souvent conservé pendant plusieurs années. Ils existent en différentes couleurs qui correspondent généralement aux différentes valeurs d'affranchissement.

Ce sont tous les timbres qui comportent un dessin. La plupart des timbres d'aujourd'hui le sont alors que les plus anciens l'étaient rarement. Les timbres d'usage courant ont souvent un motif abstrait comme le timbre suisse représenté à gauche.

Timbres commémoratifs

Emissions à tirage limité

Ce sont des timbres émis pendant une période limitée en l'honneur d'un anniversaire ou d'un événement particulier. Généralement, la raison de leur émission est inscrite dessus.

Comme les timbres commémoratifs, ces timbres sont émis pendant une période limitée mais sans raison spéciale. Il n'y a donc pas de raison d'émission inscrite dessus.

Poste aérienne

Surtaxes de charité

Certains pays, surtout ceux qui utilisent la voie aérienne pour transporter leur courrier, émettent des timbres spéciaux pour la poste aérienne. Pour en savoir plus sur la poste aérienne, regardez page 26.

Le prix de vente de certains timbres est supérieur à leur valeur d'affranchissement, la différence étant versée à une œuvre de charité. Généralement, la somme versée à ces œuvres, par timbre vendu (surtaxe), est inscrite sur le timbre et le dessin de celui-ci montre à quoi cette somme servira.

Timbres n'ayant plus cours

Ces timbres ne peuvent plus être utilisés. Ils proviennent, soit de pays qui continuent à émettre des timbres comme l'Autriche ou le Japon, soit de pays qui n'existent plus parce qu'ils ont changé de nom, comme le Tanganyika, ou parce qu'ils font maintenant partie d'un autre pays, comme la Bavière.

Roulettes

Dents du timbre

Les distributeurs de timbres contiennent des rouleaux de timbres qu'on appelle des roulettes. Souvent, ces timbres n'ont pas de dents, soit sur leurs côtés, soit en haut et en bas.

Entiers postaux

On peut, dans certains pays, acheter des enveloppes ou des cartes sur lesquelles est imprimé un timbre. Vous pouvez découper ce timbre et l'utiliser sur une autre enveloppe. Le dessin ci-dessus représente un aérogramme suédois.

Timbres locaux

Les timbres locaux ne sont valables que dans certaines régions ou certaines villes. Ils sont émis, soit par l'administration locale, soit par des compagnies privées, soit par des propriétaires terriens. Il vaut mieux les collectionner séparément des autres.

Timbres à usage spécial

Dans cette catégorie, on classe les timbres récépissés, les timbres-taxes et les timbres officiels. Ces derniers ne peuvent être utilisés que par les services gouvernementaux ou militaires. Dans les catalogues, tous ces timbres sont répertoriés en fin de liste de chaque pays.

Faux timbres

Ce timbre est faux et n'a aucune valeur postale. Les faux timbres sont quelquefois émis dans un but de propagande, mais le plus souvent dans le but de tromper les collectionneurs. Souvent, des noms de pays qui n'existent pas sont inscrits dessus. Si vous avez un timbre que vous ne retrouvez pas dans les catalogues, c'est peut-être un faux.

Timbres neufs et timbres "usés"

Timbre "usé"

Timbre neuf

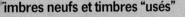

Un timbre neuf n'est pas oblitéré et est en parfait état alors que l'on dit, à tort, d'un timbre oblitéré qu'il est usé. Un timbre oblitéré qui est en bon état n'a pas forcément moins de valeur qu'un timbre neuf. Bon état signifie que le timbre n'est ni sale ni froissé, que ses dents ne sont pas abîmées et que son oblitération n'est pas trop lourde et ne couvre pas une trop grande partie du dessin.

"Liste noire" des timbres

La Fédération Internationale de Philatélie (FIP) a établi une "liste noire" de timbres. Ces timbres ne sont pas des faux et peuvent être utilisés pour le courrier, mais ils ont été émis en pensant aux collectionneurs plutôt qu'aux besoins postaux. Ils ont généralement une grande valeur d'affranchissement et leur dessin n'a rien à voir avec le pays émetteur. Rien ne vous empêche de collectionner ces timbres, mais sachez que cela vous discréditera auprès des autres collectionneurs. Les revues philatéliques vous informent souvent de ces émissions et les marchands de timbres de bonne réputation vous mettront en garde contre elles. Evitez aussi les timbres qui ont été oblitérés par complaisance, c'est-à-dire qui ont été oblitérés mais pas utilisés pour le courrier. Ils sont souvent vendus à bas prix aux marchands de pochettes bon marché. De même, évitez les timbres avec une oblitération très nette sur un coin et encore de la gomme au dos.

Comment manipuler et étudier les timbres

Comment décoller les timbres

1

Commencez par découper tout autour du timbre, assez loin de ses dents pour ne pas les abîmer. Si l'oblitération vous intéresse, conservez toute l'enveloppe ou juste le morceau qui comprend le timbre et l'oblitération. Il ne faut jamais décoller le timbre d'une enveloppe "premier jour".

2

Ne décollez jamais un timbre de son enveloppe avec de la vapeur ou en l'arrachant, car cela l'abîme. Il faut faire flotter les morceaux d'enveloppes avec les timbres dans un bol d'eau tiède propre (timbre vers le haut) pendant vingt minutes. Evitez que l'eau mouille le dessus du timbre, car cela peut faire couler l'encre. Faites flotter séparément les morceaux d'enveloppes colorées, car ils peuvent déteindre sur les autres timbres.

3

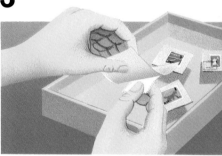

Décollez doucement l'enveloppe du timbre, comme indiqué sur le dessin. S'ils ne se séparent pas facilement, remettez-les sur l'eau. Le décollage des timbres est la seule opération où vous devez manipuler les timbres avec les doigts et non avec les pinces. En effet, celles-ci peuvent abîmer les timbres mouillés qui sont fragiles.

Stockage des timbres

1

ETATS-UNIS
U.R.SS.
NOUVELLE-ZÉLANDE
JAPON
FRANCE
BELGIQUE
ARGENTINE

La façon la plus économique de stocker des timbres, en attendant de les mettre dans un album, est de les ranger dans des enveloppes en fonction de l'organisation de votre collection. Par exemple, si vous faites une collection par pays, utilisez une enveloppe pour chaque pays et rangez-les dans une boîte.

2

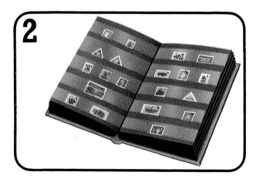

Si vous le préférez, vous pouvez, pour stocker vos timbres, acheter un classeur avec des pochettes transparentes qui permettent de ranger et de sortir facilement les timbres.

Gros plan sur un timbre

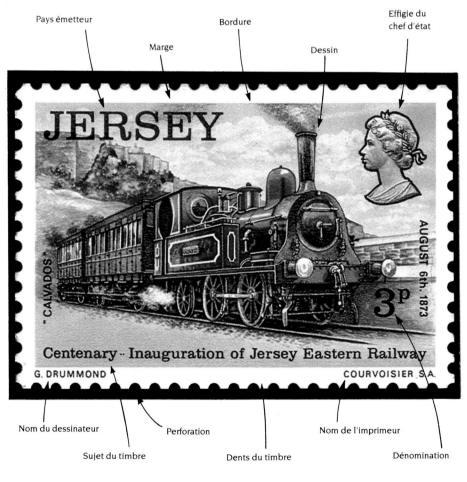

Pays émetteur · Marge · Bordure · Dessin · Effigie du chef d'état · Nom du dessinateur · Sujet du timbre · Perforation · Dents du timbre · Nom de l'imprimeur · Dénomination

Les légendes de cet agrandissement d'un timbre vous indiquent les noms des différentes parties d'un timbre. Les timbres ne comportent pas tous tous ces détails. Ainsi, certains n'ont pas de marge et d'autres ne comportent pas d'effigie. Certains ne comportent ni le nom du dessinateur ni celui de l'imprimeur. En Grande-Bretagne, par tradition, le nom du pays d'émission n'est jamais inscrit sur les timbres; seule y figure l'effigie du monarque.

4

5

Eliminez les traces restantes de gomme avec un pinceau ou une vieille brosse à dents plongés dans de l'eau tiède propre.

Etalez les timbres sur une feuille propre de papier absorbant blanc (type papier essuie-tout ou hygiénique), la face des timbres contre le papier. Pour éviter que les timbres se replient en séchant, posez par-dessus une autre feuille de papier absorbant blanc et un livre lourd. Ne faites jamais sécher des timbres au soleil ou près d'une source de chaleur, car cela les gondole.

Mesurer la dentelure d'un timbre

Pour faciliter la séparation des timbres d'une même feuille, on fait des perforations. Les dents des timbres sont le résultat de ces perforations. Deux timbres qui semblent identiques peuvent avoir des dentelures différentes.

Si, dans un catalogue, un timbre est qualifié de *dentelé* 13, cela signifie que sa dentelure comporte 13 dents pour 2 centimètres. Si la dentelure d'un timbre n'est pas la même sur tous ses côtés, ce timbre pourra par exemple être *dentelé* 13 × 14 (les bords horizontaux ont 13 dents pour 2 cm et les verticaux en ont 14 pour 2 cm).

Quand les timbres étudiés ne sont pas trop petits, vous pouvez, avec une règle graduée, mesurer 2 cm sur leurs bords et compter le nombre de dents correspondant, mais il est plus facile d'utiliser une règle spéciale destinée à cet usage: l'odontomètre.

◀ Placez l'odontomètre sur le timbre en faisant coïncider la ligne guide de gauche avec la perpendiculaire au bord étudié. Faites alors glisser l'odontomètre le long de cette perpendiculaire jusqu'à ce qu'à chaque dent du bord étudié corresponde une ligne verticale. Le chiffre de gauche vous indique alors la valeur de la dentelure et celui de droite la décimale de cette valeur.

Pour une étude plus détaillée

En plus de l'odontomètre, vous pouvez acheter dans les papeteries ou les magasins de timbres d'autres outils pour étudier les timbres en détail. En voici quelques exemples parmi les moins chers.

Un nuancier vous permet de reconnaître les couleurs décrites dans les catalogues et les différentes nuances d'une même couleur comme rouge, cramoisi et vermillon. Grâce à ce nuancier, vous pouvez aussi vérifier qu'un timbre réimprimé a bien la même couleur que le timbre original. Si quelques timbres seulement ont une nuance différente, ils peuvent avoir une valeur supérieure à celle des autres.

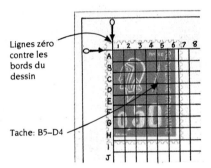

Lignes zéro contre les bords du dessin

Tache: B5–D4

Une grille spéciale vous aidera à relever la position d'une tache ou d'un défaut sur un timbre que vous voulez acheter ou vendre par correspondance. Placez cette grille sur le timbre et faites coïncider les lignes zéro avec les bords du dessin. Vous pouvez alors relever la position de chaque détail du timbre en notant les coordonnées (chiffre et lettre) des carrés correspondants.

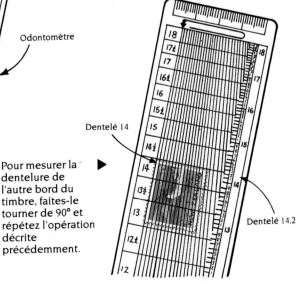

Ligne guide

Bord dentelé perpendiculaire à la ligne guide

Dentelé 15

Odontomètre

Dentelé 14

Dentelé 14,2

Pour mesurer la dentelure de l'autre bord du timbre, faites-le tourner de 90° et répétez l'opération décrite précédemment.

Certains filigranes peuvent être visibles lorsque l'on place le timbre devant une source puissante de lumière. Pour voir les autres, il faut vaporiser au dos des timbres un liquide spécial qui les fait apparaître. Ce liquide vendu en aérosol est inflammable. Aussi, suivez attentivement les instructions d'utilisation.

La façon la plus classique de collectionner les timbres est de les regrouper par pays d'émission, chaque pays constituant une section de votre album. La liste des pays des pages 28–29 de ce livre vous aidera à identifier les pays d'émission de vos timbres.

Au bout d'un certain temps, vous vous spécialiserez sans doute dans les timbres d'un ou deux pays, en fonction de vos goûts ou de la facilité avec laquelle vous pouvez vous procurer ces timbres. Se spécialiser est la meilleure méthode pour monter une collection de valeur.

Avant de commencer votre collection, consultez un catalogue afin de voir combien il existe de timbres pour un pays donné. Renseignez-vous sur leurs prix de vente afin de déterminer ceux que vous pouvez vous payer et ceux pour lesquels vous garderez de la place dans votre album, en espérant les acheter plus tard. Généralement, dans une collection par pays, on range les timbres par ordre chronologique, en regroupant les timbres d'une même série et en séparant les timbres neufs des oblitérés. Pour commencer, vous pouvez choisir de monter en premier les timbres les plus récents, car ce sont les plus faciles à obtenir.

Timbres de votre pays

Les timbres que vous obtiendrez le plus facilement sont ceux de votre pays. Vous pouvez, d'une part, récupérer les timbres de votre courrier et, d'autre part, acheter tous ceux qui sont vendus dans les bureaux de poste, en achetant au fur et à mesure de leur émission les nouveaux timbres.

Vous pouvez aussi choisir de restreindre votre collection aux timbres émis durant une certaine période, par exemple pendant les vingt dernières années ou depuis l'année de votre naissance. Vous pouvez aussi collectionner les timbres qui correspondent au mandat d'un seul président de la république ou au règne d'un seul monarque. Les timbres britanniques représentés ici ont tous été émis durant le règne d'Elisabeth II.

Changements de noms

Soyez attentifs aux changements de noms de certains pays. Ainsi, Zimbabwe est le nouveau nom de la Rhodésie et Sri Lanka celui de Ceylan. Vous pouvez choisir de ne collectionner que les timbres du nouveau pays ou que ceux de l'ancien.

Pays et territoires administrés

Une fois choisi le pays dont vous collectionnerez les timbres, vous pouvez aussi décider de collectionner les timbres des territoires qui dépendent de ce pays. Par exemple, les timbres ci-dessus pourraient faire partie d'une collection australienne.

Bilingues

Vous remarquerez que certains timbres sont rédigés en deux ou même, comme en Suisse, en trois langues. Ceci est dû au fait que les différentes langues sont parlées dans le pays d'émission du timbre. Certains pays impriment des timbres différents pour chaque langue.

Connaître un pays grâce à ses timbres

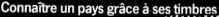

Vous pouvez apprendre beaucoup de choses sur un pays à partir de ses timbres: par exemple, quels sont ses paysages, ses cultures, ses célébrités, ses œuvres d'art, sa faune et ses industries. Mais faites attention: ici, sur ce timbre des îles Fidji, on a représenté un iguane, non pas parce que c'est un animal de ce pays, mais parce que c'est une espèce en voie d'extinction.

missions conjointes

uelquefois, deux pays émettent
njointement des timbres ayant le même
essin afin de célébrer un exploit ou une
alisation commune ou un lien qui les unit.
es Etats-Unis et l'U.R.S.S. ont ainsi émis les
mbres représentés ci-dessous pour célébrer
marrage dans l'espace du satellite Apollo au
tellite Soyouz.

Séries

Une série comprend
plusieurs timbres qui ont
tous le même sujet et qui
sont émis, soit en même
temps, soit pendant une
période définie. Certains
timbres, comme ceux des
séries d'usage courant,
ont tous le même dessin
mais des couleurs
différentes pour chaque
valeur
d'affranchissement.
D'autres, comme ceux de
la série représentée ici,
ont tous le même thème
mais des dessins
différents pour chaque
valeur. Vous constaterez
que la plupart des
marchands de timbres
n'aiment pas vendre
séparément les timbres
d'une même série.

Carnets

Les carnets de
timbres ont été créés
dans un but pratique
et sont devenus
ensuite des objets de
collection. Il existe
des albums spéciaux
pour ranger ces
carnets qui
contiennent, le plus
souvent, des timbres
d'usage courant.

Utgivningsdag: 8 oktober 1977
Foto: Lars Söderbom, Anders Florén
Gravörer: Zlatko Jakus, Martin Mörck
Omslag: Jan Magnusson

euillets

e sont des émissions réservées
ux collectionneurs, qui consistent
n une petite feuille sur laquelle
ont imprimés un ou plusieurs
mbres dentelés ou non. La

marge de ces feuilles comporte
souvent des illustrations
relatives à l'émission. Ces
timbres peuvent être utilisés
pour le courrier.

Timbres des organisations internationales

Quelques organisations
internationales dont celles
des timbres représentés ici
ont le droit d'émettre leurs
propres timbres. Ils sont
valables dans le monde

entier et vous pouvez les
acheter dans les bureaux
de ces organisations. Vous
devez collectionner ces
timbres séparément des
autres.

Comment monter et agencer vos timbres

Vos timbres seront mis en valeur si vous n'en mettez pas trop sur une même page et si vous les agencez simplement. Décidez toujours de l'organisation de toute une page avant de commencer à y monter des timbres. Aidez-vous du quadrillage des feuilles pour aligner et espacer régulièrement vos timbres et marquez avec un crayon l'emplacement de chacun sur

la page.

Annotez toujours la page avant d'y monter vos timbres pour ne pas les abîmer ensuite. Une légende complète indiquerait la date de l'émission du timbre, la raison de cette émission, les noms du dessinateur et de l'imprimeur, le procédé d'impression et le type de dentelure. Vous obtiendrez toutes ces

informations dans les catalogues, mais ne surchargez pas trop votre page d'annotations, car cela nuirait à son esthétique. Il peut être utile d'écrire d'abord ces légendes sur un morceau de papier afin de voir combien de place elles prennent.

Voici, ci-dessous, un exemple de mise en page pour votre album.

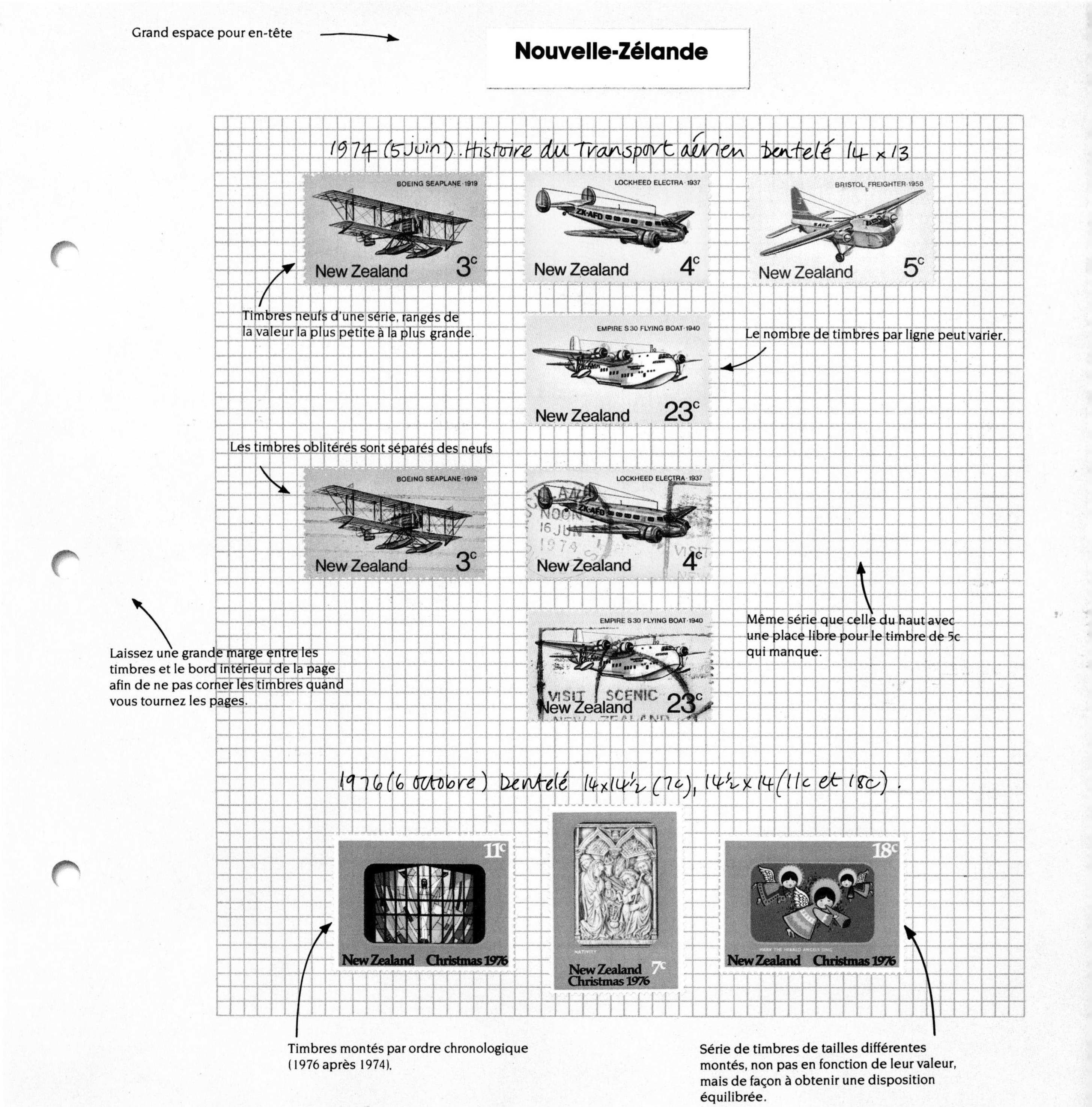

Grand espace pour en-tête →

Nouvelle-Zélande

1974 (5 Juin). Histoire du Transport aérien Dentelé 14 x 13

Timbres neufs d'une série, rangés de la valeur la plus petite à la plus grande.

Le nombre de timbres par ligne peut varier.

Les timbres oblitérés sont séparés des neufs

Même série que celle du haut avec une place libre pour le timbre de 5c qui manque.

Laissez une grande marge entre les timbres et le bord intérieur de la page afin de ne pas corner les timbres quand vous tournez les pages.

1976 (6 octobre) Dentelé 14 x 14½ (7c), 14½ x 14 (11c et 18c).

Timbres montés par ordre chronologique (1976 après 1974).

Série de timbres de tailles différentes montés, non pas en fonction de leur valeur, mais de façon à obtenir une disposition équilibrée.

omment utiliser les charnières

tilisez toujours des charnières propres pour
onter vos timbres. Si vous utilisez du
otch, des morceaux de marge des feuilles
e timbres ou la gomme du timbre pour
onter vos timbres, vous les abîmerez et
ur ferez perdre de la valeur. La plupart des
arnières sont déjà pliées. Si celles que
ous avez ne le sont pas, pliez-les au quart
e leur longueur, la face collante vers
extérieur. Faites un pli bien droit car, sinon,
os timbres seront disposés de travers sur la
age.

2

Collez ce rabat, en le pressant,
sur le dos du timbre vers le
haut, pas trop près des dents.

4

Placez le timbre ▶
sur la page
de l'album.

tilisez le ▶
out de
otre
ngue ou
chez
otre doigt
our
umecter
rabat de
charnière.

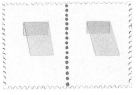

3

◀ Puis humectez
l'autre
extrémité de
la charnière.

5

◀ Posez une
feuille de
papier
propre sur le
timbre et
appuyez
dessus de façon à
coller la
charnière
sur la page.

imbres avec des formes inhabituelles

our monter une paire ▶
e timbres, placez les
harnières, comme sur
e dessin, loin des
erforations situées
ntre les deux
mbres.

Pour monter un timbre très ▶
petit, en fonction de la forme de
ce timbre, couper la charnière
en deux, dans le sens la
longueur ou de la largeur.

Si vous possédez un bloc, ne séparez
pas les timbres. Montez le bloc
entier avec le nombre de charnières
qu'il faut pour qu'il soit bien fixé.

▼

Pour monter un triangle, placez la
charnière comme sur le dessin, du côté
qui sera vers le milieu de l'album pour
que le timbre ne se corne pas lorsque
l'on ferme l'album.

Timbres neufs

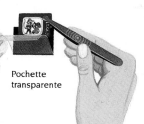

Pochette
transparente

Les charnières laissent une légère marque au
dos des timbres neufs et cela réduit leur
valeur. Aussi, pour monter un timbre neuf de
valeur, il vaut mieux utiliser des pochettes
transparentes même si elles sont plus chères
que les charnières. Humectez le dos gommé
de la pochette et collez-la sur la page. Puis,
glissez-y votre timbre neuf. Certaines
personnes utilisent ces pochettes pour monter
tous leurs timbres neufs.

Enveloppes "premier jour"

Si vous voulez ranger les enveloppes "premier
jour" dans votre album de timbres, vous

pouvez les monter avec des
coins photo transparents.

Comment déplacer les timbres

Si vous avez mal monté un timbre, avant de le
déplacer, attendez au moins une demi-heure
pour que la gomme de la charnière sèche
complètement. Vous pouvez ensuite détacher la
charnière de la page et du timbre sans faire de
dégâts, ce qui signifie que vous pouvez, à votre
guise, retirer des timbres de votre album pour
modifier son agencement ou pour vendre ou
échanger ces timbres.

Collectionner par thèmes

Si vous ne voulez pas ranger vos timbres par pays, vous pouvez les regrouper selon les thèmes de leurs illustrations. Le nombre de sujets traités sur les timbres est presque infini et vous n'aurez donc pas de mal à en trouver qui vous intéressent.

Avant de choisir un thème, consultez un catalogue mondial afin de voir

combien il existe, environ, de timbres qui se rapportent à ce thème. Pour cela, regardez une à une les pages de ce catalogue et notez au fur et à mesure les timbres qui vous intéressent.

Il n'y a pas de catalogue thématique, mais il existe une association américaine (American Topical Association, voir adresse page 30) qui

publie des guides qui recensent tous le[s] timbres se rapportant aux sujets les plu[s] collectionnés, comme ceux de cette page.

Ci-dessous, vous trouverez quelques sujets que vous pouvez choisir pour votre collection thématique et quelque[s] timbres qui s'y rapportent.

Comment organiser une collection thématique

Après avoir amassé un certain nombre de timbres sur un sujet donné, il faut que vous choisissiez la façon dont vous allez les agencer. Beaucoup de sujets peuvent être facilement subdivisés. Par exemple, le thème des transports peut être divisé en plusieurs groupes: voitures, trains, avions et bateaux. Une collection sur le sport pourra s'organiser autour des différents sports.

Ci-dessous, vous trouverez une proposition d'organisations d'une collection ayant pour thème la faune. Vous pouvez monter les timbres de ces six catégories sur des pages différentes. Vous pouvez, éventuellement, décider de vous spécialiser dans seulement une ou deux de ces catégories.

Oiseaux

Poissons

Reptiles

Invertébrés

Amphibiens

Mammifères

Si une page ne suffit pas pour ranger tous les timbres d'une même catégorie, vous pouvez faire des sous-groupes. Les mammifères peuvent, par exemple, être subdivisés comme ci-dessous. Consultez des livres sur les animaux pour en savoir plus sur ces groupes.

Primates

(singes et humains)

Carnivores

(chats, chiens, ours, blaireaux, etc.)

Rongeurs

(écureuils, rats, souris, etc.)

Ongulés

(chevaux, rhinocéros, cochons, cerfs, bétail, etc.)

Vous pouvez encore faire une subdivision. Par exemple, la catégorie des chevaux peut être divisée comme ci-dessous:

Chevaux

Chevaux de course

Chevaux dans les légendes et dans l'histoire

Chevaux au travail

Précisions sur les collections par thèmes

Détailler les timbres

Peut correspondre aux thèmes animaux, enfants ou littérature.

C'est une salle de concert donc peut être classé dans les catégories musique ou architecture.

Il y a des plumes donc peut être classé dans la catégorie oiseaux ou costumes.

Ginseng, donc peut être classé dans herbes médicinales ou dans plantes ou dans fleurs.

Quand vous cherchez des timbres qui se rapportent à un thème donné, prenez l'habitude de regarder de près tous les timbres que vous possédez, car un détail justifiant le classement d'un timbre dans la catégorie de ce thème pourrait vous avoir échappé. Comme, par exemple, les oiseaux sur le timbre représenté ci-dessus.

Il est souvent difficile de savoir exactement ce qui est représenté sur un timbre et donc de déterminer le thème auquel il se rapporte. Vous pouvez vous aider en consultant un catalogue. La plupart des timbres, comme ceux représentés ici, peuvent être classés dans plusieurs catégories.

Collection d'émissions commémoratives

Au lieu de collectionner les timbres qui se rapportent à un sujet donné, vous pouvez collectionner les timbres émis lors d'une occasion précise, généralement dans un but commémoratif. En voici quelques exemples.

Pour les Jeux Olympiques, beaucoup de pays émettent des timbres commémoratifs.

Comme il y a beaucoup de timbres sur les Jeux Olympiques, vous pouvez restreindre votre collection aux timbres se rapportant à quelques sports seulement de ces Jeux.

Depuis 1959, les Nations Unies lancent des ''années mondiales'' et, à cette occasion, beaucoup de pays émettent des timbres commémoratifs. Vous pouvez faire une collection générale de ces timbres ou ne collectionner que les timbres se rapportant à une seule année. Par exemple, ces timbres ont tous été émis pour ''l'année de l'enfant''.

On peut faire une collection des timbres émis spécialement pour commémorer les services postaux. Des centaines de timbres ont été émis en l'honneur de l'Anglais Rowland Hill qui introduisit le premier timbre postal à coller en 1840.

raconter quelque chose avec des timbres

us pouvez collectionner et agencer des bres de façon à raconter l'histoire des férentes étapes d'une invention ou d'une couverte ou celle des différents moyens de nsport ou encore celle des services postaux. Choisissez le sujet et faites un plan. Puis nsultez un catalogue pour voir quels timbres us pouvez utiliser et décidez, en fonction de

cela, de tout ce que vous voulez faire figurer dans votre collection.

L'histoire des transports aériens évoquée ci-dessous est très courte. Il existe beaucoup d'autres timbres qui auraient pu être utilisés pour la raconter ou la rallonger.

Vous n'êtes pas obligé d'agencer vos timbres selon l'ordre chronologique. Vous

pouvez prendre en compte les formes des timbres et l'allure globale de la page. En regroupant certains timbres, vous pouvez mettre l'accent sur un moment particulier.

Vos annotations doivent se référer à la partie du timbre qui illustre tel événement.

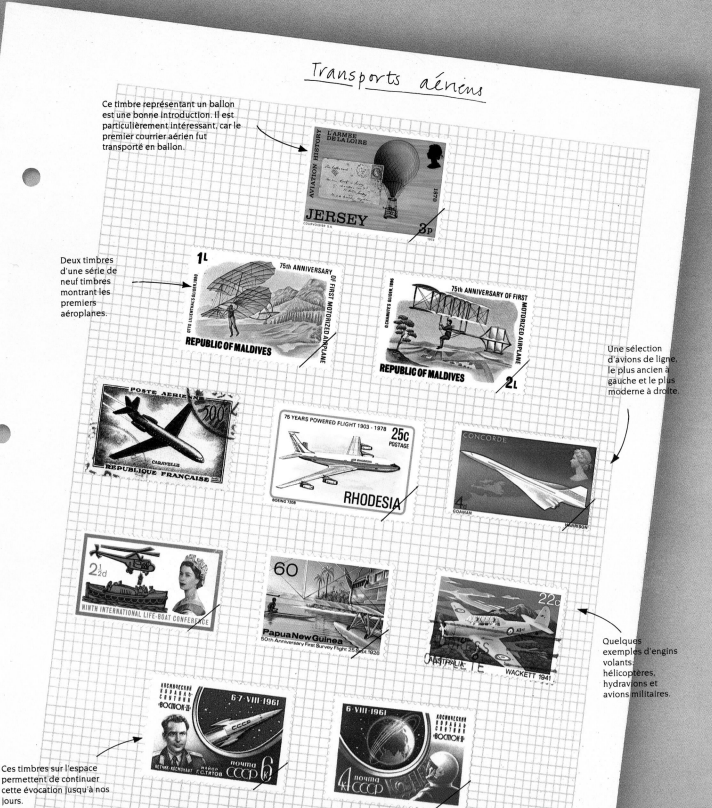

Transports aériens

Ce timbre représentant un ballon est une bonne introduction. Il est particulièrement intéressant, car le premier courrier aérien fut transporté en ballon.

Deux timbres d'une série de neuf timbres montrant les premiers aéroplanes.

Une sélection d'avions de ligne, le plus ancien à gauche et le plus moderne à droite.

Quelques exemples d'engins volants: hélicoptères, hydravions et avions militaires.

Ces timbres sur l'espace permettent de continuer cette évocation jusqu'à nos jours.

15

La fabrication des timbres

1

Deux propositions de dessin pour un timbre (réduites à la taille du timbre).

Dessin rejeté   Dessin accepté

Quand il faut émettre un nouveau timbre, la Poste commandite plusieurs dessins. Ceux-ci ont généralement une taille quatre fois supérieure à celle du timbre. Le dessin qui est choisi est ensuite réduit photographiquement à la taille du timbre.

2

Si on agrandit le timbre, les points apparaissent.

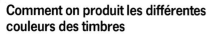

Ce dessin est alors photographié plusieurs fois avec un filtre coloré différent de façon à obtenir, à chaque fois, une photo d'une seule couleur. Ce dessin est aussi photographié à travers une grille très fine pour obtenir une image composée de nombreux points minuscules colorés. Quand vous regardez un timbre à la loupe, vous pouvez parfois voir ces points.

Comment on produit les différentes couleurs des timbres

Le premier cylindre imprime le jaune.

Le second imprime le rouge ("magenta") par-dessus.

NATIONAL STAMP WEEK 1976

Le troisième ajoute le bleu ("cyan").

Et le quatrième imprime le noir.

Ces timbres ont été émis afin de montrer comment on produit les différentes couleurs d'un timbre. Les trois couleurs primaires et le noir sont imprimées successivement l'une par-dessus l'autre avec un cylindre par couleur. Regardez le dessin de ces timbres: l'image du timbre en bas à droite est faite juste à partir de ces trois couleurs et du noir. Parfois, pour faire des timbres plus richement colorés, on utilise des machines à sept cylindres, voire plus.

Marques d'imprimerie

Touches de chacune des couleurs utilisées pour l'impression de ce timbre.

Repère permettant de vérifier la bonne position du papier dans la machine, pour que chaque couleur soit imprimée au bon endroit.

Numéro de l'un des cylindres ou plaques utilisés pour imprimer ce timbre.

Nom de l'imprimeur

Quand vous avez des timbres qui proviennent des coins des feuilles, vous pouvez observer ces marques sur les marges. Vous pouvez les collectionner.

Filigranes

Filigrane du Lesotho en forme de chapeau des Basuto.

Cylindre

Motifs en relief

Filigranes jamaïcains "J" et "ananas".

Parfois, le papier des timbres comporte des filigranes pour rendre la contrefaçon plus difficile. Ces filigranes sont obtenus à l'aide d'un cylindre sur lequel il y a des motifs en relief. On fait passer ce cylindre sur le papier en cours de fabrication.

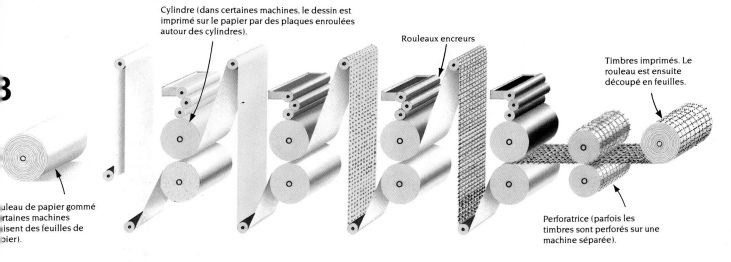

Cylindre (dans certaines machines, le dessin est imprimé sur le papier par des plaques enroulées autour des cylindres).

Rouleaux encreurs

Timbres imprimés. Le rouleau est ensuite découpé en feuilles.

...uleau de papier gommé ...rtaines machines ...isent des feuilles de ...pier).

Perforatrice (parfois les timbres sont perforés sur une machine séparée).

...s photographies sont transférées ...imiquement sur des plaques ou des ...indres métalliques (un par couleur). Voici ... schéma simplifié d'une imprimante

moderne à quatre cylindres. Chaque cylindre est encré avec une couleur différente. Le papier gommé circule dans la machine et passe successivement autour de chaque

cylindre. Le dessin est donc transféré du cylindre au papier, couleur après couleur. Enfin, le papier est perforé.

...s différents types d'impression

...ns les catalogues de timbres, vous verrez ... noms de plusieurs procédés

d'impression qui se regroupent en trois grandes catégories.

1 Gravure

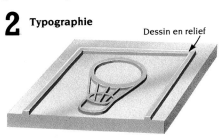

Le dessin est creusé.

...e dessin est gravé en creux sur la plaque ou ... cylindre d'impression. L'encre se dépose ...ns les sillons de gravure et quand la plaque ...ent en contact avec le papier, le dessin est ...nsféré. On peut sentir des traits en léger ...lief sur certains timbres imprimés en ...avure. La photogravure et la taille douce ...nt deux types d'impression par gravure.

2 Typographie

Dessin en relief

Dans ce procédé, les parties blanches du dessin sont creusées, laissant les zones qui doivent être imprimées en relief. L'encre est répandue uniquement sur les parties en relief. Quand la plaque ou le cylindre entre en contact avec le papier, le dessin est transféré sur celui-ci. Vous pourrez quelquefois sentir des traits en léger relief au dos des timbres imprimés selon cette technique.

3 Lithographie

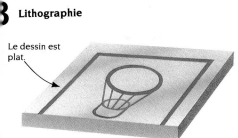

Le dessin est plat.

...ns cette méthode, la plaque d'impression ...t complètement plate, mais elle est traitée ...imiquement de telle sorte que l'encre ne ... fixera que sur les parties du dessin qui ...ivent être imprimées. Vous ne pouvez ...ntir aucun relief sur les timbres imprimés ...r la lithographie. La lithographie offset est ...e forme plus complexe de cette technique.

Impression en relief

Une plaque a le dessin en relief.

Papier

L'autre l'a en creux.

Cette méthode est une combinaison de la gravure et de la typographie. Le papier est pris en sandwich entre deux plaques, l'une avec le dessin en creux, l'autre l'ayant en relief. Le résultat est un dessin sensiblement en relief. Ce procédé est lent et coûteux et, de nos jours, n'est utilisé que pour imprimer les timbres directement sur les enveloppes.

Perforation du papier

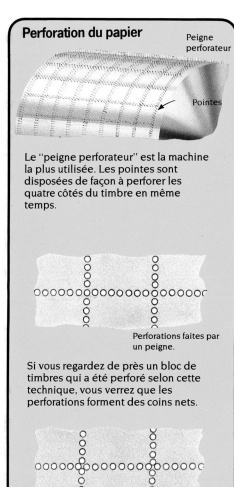

Peigne perforateur

Pointes

Le "peigne perforateur" est la machine la plus utilisée. Les pointes sont disposées de façon à perforer les quatre côtés du timbre en même temps.

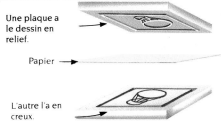

Perforations faites par un peigne.

Si vous regardez de près un bloc de timbres qui a été perforé selon cette technique, vous verrez que les perforations forment des coins nets.

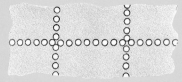

Perforations en ligne

Les perforations en ligne sont faites par une machine ne comportant qu'une seule rangée de pointes, si bien qu'une seule ligne de perforations est faite à la fois. Si vous regardez de près un bloc de timbres perforé par cette machine, vous verrez que les trous ne forment pas des angles nets aux coins des timbres.

Timbres bizarres

Tous les timbres de cette page sortent plutôt de l'ordinaire mais ne sont pas forcément rares ou de valeur. Parmi tous ces types de timbres, il y en a que vous verrez plus souvent que d'autres. Par exemple, maintenant, il n'y a presque plus de contrefaçons et de trucages et les timbres coupés sont rares. Vous pouvez vous spécialiser dans la collection de timbres bizarres ou vous pouvez juste les monter dans votre collection avec les autres.

Les timbres envoyés à l'Union Postale Universelle ou à la presse, avant leur date officielle d'émission, portent toujours la surimpression "Specimen" pour qu'ils ne soient pas utilisés pour le courrier.

Si un pays change de nom, le nouveau nom est surimprimé sur les timbres jusqu'à ce que de nouveaux soient imprimés.

Des groupes rebelles surimpriment parfois des initiales sur des timbre pour se faire de la publicité.

Surimpressions

Vous verrez certainement des timbres qui ont une impression supplémentaire par rapport à l'original. Il peut y avoir à cela plusieurs raisons. En voici quelques exemples.

Le dessin de ce timbre comporte un drapeau japonais qui flotte en haut d'une tour. Pour des raisons politiques, le pays d'émission (Chine Orientale) ne voulait pas qu'il soit visible et a imprimé un caractère par-dessus.

Surcharges

Une surimpression qui change la valeur d'affranchissement d'un timbre est appelée surcharge. Les surcharges sont utilisées quand il y a pénurie temporaire de timbres d'une certaine valeur d'affranchissement, soit parce que cette valeur a changé et que les nouveaux timbres n'ont pas encore été imprimés (cas de ces deux timbres), soit quand la monnaie change.

Timbres se-tenant

Ces timbres ont chacun un dessin. Lorsqu'ils sont accolés, ces deux dessins en forment u plus grand. Ne séparez jamais les deux timbres pour l monter dans votre album.

Timbres perforés

Les initiales sont plus visibles au dos du timbre.

Ils présentent des initiales faites de petits trous dans leur dessin. Ces initiales indiquent que le timbre est à usage gouvernemental. Elles peuvent aussi avoir été faites par des compagnies privées afin que leurs employés n'utilisent pas ces timbres pour leur courrier personnel. Sur ce timbre mauricien, les initiales MCBM signifient, en anglais, Banque Commerciale Mauricienne, île Maurice.

Timbres coupés

Parfois, les bureaux de poste acceptent qu'on coupe en deux un timbre pour diviser par deux sa valeur d'affranchissement. Pour ce timbre, cela n'était pas autorisé, mais le courrier a quand même été transporté sans supplément postal. Il y a même des timbres coupés en quatre qui ont été utilisés pour le courrier.

Impression au dos

ILHA DA MADEIRA
Pérola do Atlântico
A noite da passagem do ano festeja-se sempre na Madeira com fogos de artifício de grande espectáculo.

L'ÎLE DE MADÈRE
Perle de L'Atlantique
Le soir du passage de l'année est toujours fêté à Madère avec magnifiques feux d'artifice.

THE ISLAND OF MADEIRA
Pearl of the Atlantic
New Year's Eve is always celebrated in Madeira with a brilliant display of the most extraordinary fireworks.

Il faut toujours jeter un coup d'œil au dos des timbres, car il pourrait y avoir quelque chose d'imprimé. Généralement, ce sont des slogans publicitaires, comme ce slogan pour le tourisme dans l'île de Madère. Dans votre album, il vaut mieux monter ces timbres dans le sens normal et écrire à côté une note qui rappelle qu'ils ont une impression au verso.

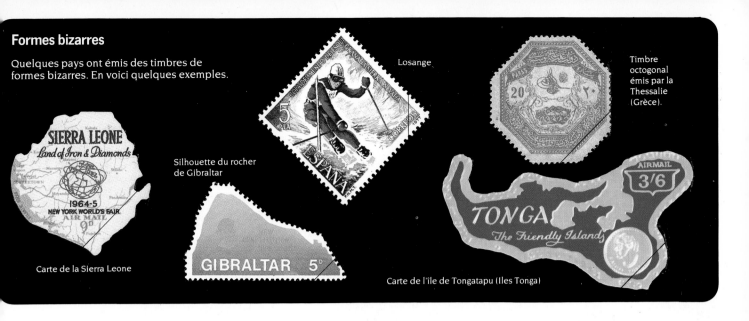

Formes bizarres

Quelques pays ont émis des timbres de formes bizarres. En voici quelques exemples.

Carte de la Sierra Leone

Silhouette du rocher de Gibraltar

Losange

Timbre octogonal émis par la Thessalie (Grèce).

Carte de l'île de Tongatapu (Iles Tonga)

apiers inhabituels

n période de pénurie, les timbres ont été mprimés sur du papier normalement utilisé à autres fins, comme le papier journal, le papier e riz et l'envers des cahiers et livres scolaires. e timbre de la Lettonie a été imprimé au dos un billet de banque qui n'était imprimé que ur une face.

Timbres en trois dimensions

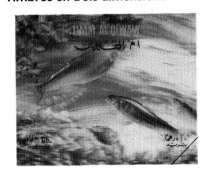

Récemment, quelques pays ont produit, à titre expérimental, en utilisant une combinaison de plusieurs procédés d'impression, des timbres qui semblent être en trois dimensions. En voici un exemple, mais l'effet est difficile à rendre avec une reproduction.

Les plus grands timbres et les plus petits

Timbre bolivien de 1863

Timbres de Mecklembourg-Schwerin de 1856

Les experts ne sont pas d'accord sur l'identité du timbre le plus petit jamais produit. Beaucoup disent que c'est le bolivien représenté ci-dessus. Mais bien que les timbres de Mecklembourg-Schwerin (Allemagne) étaient toujours vendus par quatre, ils pouvaient être utilisés séparément et le timbre à l'unité est plus petit que le bolivien.

Le plus grand timbre du monde est celui représenté ci-dessous. Il a été émis en 1865 par les États-Unis pour poster les journaux.

1 Contrefaçons et trucages

Timbre véritable   Contrefaçon

es premiers timbres avaient des dessins très omplexes pour éviter les contrefaçons. Mais il eut quand même des faussaires qui agirent our tromper les collectionneurs plutôt que la oste. Recherchez les différences qui existent ntre ces deux timbres. Il est très difficile de epérer une contrefaçon, surtout quand on ne ispose pas de l'original comme élément de omparaison.

2

Une contrefaçon est un timbre nouvellement émis pour imiter l'original, alors qu'un trucage est un timbre qui a été retouché pour qu'il paraisse avoir une valeur supérieure à sa valeur réelle. Il fut un temps où il était commun de truquer les perforations des timbres, surtout en les coupant, comme nous l'avons fait ici. Parfois, des perforations étaient ajoutées avec une perforatrice manuelle sur des timbres qui, normalement, ne sont pas perforés.

Timbres avec des erreurs

Alors qu'un timbre abîmé perd de la valeur, sauf s'il est très rare, un timbre avec une erreur dans le dessin ou une erreur d'impression a une valeur supérieure au timbre sans erreur. Cette augmentation de valeur dépend du nombre de timbres qui ont l'erreur: plus il y en a, moins la valeur est importante.

On peut se spécialiser dans la collection de timbres avec des erreurs mais, à part certains, ils sont chers à l'achat. Quand vous le pouvez, il vaut toujours mieux monter, à côté du timbre avec une erreur, le timbre correct.

Erreurs dans le dessin

Les timbres sont contrôlés lors des différentes étapes de leur production, mais les erreurs dans le dessin initial peuvent, parfois, ne pas être repérées. En voici quelques exemples.

Ce timbre commémore la mort du compositeur Schumann, mais la partition reproduite dans le fond du timbre est de Schubert. ▶

▲ Jessleton devrait être écrit Jesselton.

Les fourmiliers ne peuvent pas marcher sur deux pattes, mais seulement sur quatre. ▼

◀ Le canoë devrait avoir un barreur.

◀ La ligne de latitude devrait être de 49° 30'N au lieu de 40° 30'N, ligne qui passe au nord de Madrid en Espagne.

Erreurs d'impression

Les timbres sont aussi contrôlés durant leur impression et tous ceux qui ont des erreurs sont détruits. Voici quelques erreurs d'impression qui sont passées au travers de ces contrôles.

◀ Parfois, la couleur de l'encre n'est pas la bonne. Ici, la partie centrale du timbre devait être rouge et noire.

Les vieilles imprimantes ne pouvaient imprimer qu'une couleur à la fois et le papier devait être remis plusieurs fois dans la machine. Ici, le papier a été mis à l'envers pour l'impression du dessin central qui a, de ce fait, la "tête en bas".

Ces timbres ont été surimprimés à l'envers. Les traits devraient barrer les valeurs du haut du timbre. ▶

Le train devrait être rouge.

Le cercle devrait être rouge avec une valeur en blanc.

◀ Même avec les machines modernes à plusieurs couleurs, il peut y avoir des couleurs qui manquent si, par exemple, l'alimentation en encre tombe en panne. Les deux timbres représentés ici ont été imprimés sans l'encre rouge.

Le drapeau devrait avoir une croix rouge.

Erreurs de perforation

Ici, la perforatrice n'a pas fait les trous au bon endroit. Quand les perforations sont juste sur le dessin, comme ici, cela donne beaucoup de valeur au timbre.

Quand les feuilles de timbres sont coupées pour faire les carnets, parfois les perforations sont elles aussi coupées. Vous trouverez certainement, dans les carnets, des timbres sans perforations sur un côté. Ce genre d'erreur est assez commun et n'augmente donc pas la valeur du timbre.

Sur ces deux timbres, il manque les perforations. Ils sont rares et ont beaucoup de valeur. Essayez toujours de collectionner les erreurs de ce type dans des paires de timbres, de façon à montrer que ce n'est pas vous qui avez coupé les dents du timbre. Mais, n'oubliez pas que certains pays émettent le même timbre avec ou sans perforations.

Erreurs volontaires

Ce timbre a été émis avec la couleur jaune imprimée à l'envers. Quand la Poste des Etats-Unis s'en est rendu compte, elle en a imprimé beaucoup pour que les collectionneurs ne profitent pas de cette erreur pour gagner de l'argent.

Rechercher les erreurs

Il faut toujours rechercher les erreurs, mais faites attention de ne pas en trouver là où il n'y en a pas.

Beaucoup de collectionneurs se sont précipités sur ce timbre lors de sa première émission, en disant que les phoques ont des nageoires et non pas des pattes. Mais ce n'était pas une erreur. Ce sont des grands phoques gris, qui ont des pattes à l'avant.

"Welthy" est bien écrit. C'est le nom de l'homme représenté sur le timbre. En anglais, *wealthy* = riche et *fisher* = pêcheur. On pourrait donc penser que le mot welthy est mal orthographié.

Variétés

On appelle variété une erreur d'impression qui n'affecte qu'un seul timbre sur le lot. Les variétés sont considérées comme moins graves que les erreurs et ne sont donc pas toujours détruites. Vous en verrez sûrement. Vous pouvez les collectionner, bien qu'elles aient généralement moins de valeur que les erreurs. En voici quelques exemples.

Ici, lors de l'impression, un morceau rond de la marge de la feuille a été arraché et s'est collé sur le cylindre, produisant ainsi une tache en forme de confetti.

La tache blanche de ce timbre est due à la présence d'une poussière sur le cylindre. Cette poussière a empêché l'encre bleue d'être imprimée.

Sur les cylindres, le surplus d'encre est éliminé par une lame. Ici, cette lame a rayé le cylindre. C'est pourquoi on observe sur ces timbres une fine ligne blanche.

Les oblitérations

Durant votre recherche de timbres, vous remarquerez, sur les enveloppes, des oblitérations intéressantes que vous pouvez collectionner. En plus de celles que vous récupérez sur votre courrier et sur celui des autres, vous pouvez en acheter dans les magasins de timbres (recherchez leurs publicités dans les revues philatéliques) et si vous faites partie d'un club, vous pouvez faire des échanges.

L'Union Universelle Postale publie un énorme annuaire qui répertorie les oblitérations du monde entier. Vous pouvez utiliser cet annuaire comme les catalogues de timbres. Beaucoup de pays éditent un annuaire national de leurs oblitérations que vous trouverez dans les bonnes bibliothèques.

Si vous désirez une oblitération particulière, écrivez au bureau de poste correspondant pour qu'on vous l'envoie. N'oubliez pas, pour ceci, de joindre à votre demande, un timbre si vous écrivez dans votre pays, ou un coupon réponse international si vous écrivez à l'étranger.

Cachets de Bishop

Cachet de Bishop daté du 1er avril.

Les cachets postaux ont été utilisés bien avant les timbres. Les premiers cachets postaux officiellement reconnus ont été introduits par un Anglais, Henry Bishop, en 1661. Ils étaient ronds et comportaient juste une date. Bien qu'ils soient vieux, vous pouvez acheter ces cachets pour quelques dizaines de francs.

Croix de Malte

Quand on a commencé à utiliser des timbres, les cachets postaux ont alors été utilisés pour les oblitérer afin qu'ils ne puissent pas être réutilisés. La première oblitération fut introduite en 1840 pour le timbre d'un penny noir (voir page 24). Elle représentait une croix de Malte.

"Killers" (tueurs)

Les plus vieilles oblitérations étaient appelées "killers". En voici deux: une utilisée à Guernesey au milieu des années 1870 (le numéro correspond au bureau de poste de départ) et une sur un timbre canadien.

Oblitérations modernes

Les oblitérations les plus récentes indiquent le lieu d'envoi de la lettre, la date complète et, la plupart du temps, le code postal de la ville, les numéros du bureau de poste et de la boîte aux lettres et même le numéro de la machine à oblitérer qui a été utilisée.

Location de machines à affranchir

Beaucoup d'entreprises n'utilisent pas de timbres, mais affranchissent leur courrier avec une machine louée à la Poste. Cette machine enregistre tous les affranchissements effectués et l'entreprise paie à la Poste la somme correspondante. Vous pouvez essayer de monter une collection de ces oblitérations.

Bureaux de poste mobiles

Parfois, le courrier est oblitéré dans des bureaux de poste mobiles (bus ou trains). L'oblitération de gauche a été faite dans un train en Nouvelle-Zélande et celle de droite dans un bureau de poste itinérant installé dans un bus en Allemagne.

Slogans postaux

Recherchez les oblitérations commémoratives et celles qui contiennent des messages publicitaires, comme cette oblitération française qui vante les qualités touristiques de la ville de Pau.

Erreurs dans les oblitérations

Vous pouvez avoir la chance de découvrir des erreurs dans les oblitérations. Cette lettre n'a pas été postée en 1861 mais en 1981. Les chiffres de l'année ont été placés dans la machine à oblitérer la "tête en bas". Beaucoup de lettres ont dû être oblitérées avec cette erreur, mais si la plupart ont été jetées, celle-ci peut avoir de la valeur.

Comment organiser une collection d'oblitérations

Vous pouvez organiser une collection d'oblitérations comme une collection de timbres, par exemple, en regroupant celles d'un même pays et en les rangeant par ordre alphabétique ou chronologique. Vous pouvez vous spécialiser dans la collection des oblitérations de certains pays ou de certaines villes, surtout si vous y avez des amis ou des relations. Vous pouvez aussi ne collectionner que les oblitérations d'une certaine période, par exemple, celles de votre année de naissance.

Les oblitérations ne prennent pas autant de valeur que les timbres mais, si vous montez sur plusieurs années une belle collection, elle pourra valoir un certain prix.

Voici une sélection des oblitérations de l'île de Jersey et de quelques capitales du monde entier.

Comment monter et agencer les oblitérations

Vous pouvez découper les morceaux d'enveloppes qui ont le timbre et l'oblitération et les ranger dans votre album de timbres. Votre collection aura plus d'allure si vous découpez toujours des morceaux de la même taille. Une taille de 8 cm sur 5 doit suffire pour la plupart des oblitérations. Pour celles qui ont des slogans publicitaires, découpez des morceaux d'enveloppes de 10 cm sur 7.

Si vous possédez une oblitération de valeur ou si vous vous spécialisez dans la collection d'oblitérations, il vaut mieux conserver les enveloppes entières. Vous pouvez, comme les enveloppes "premier jour", les monter dans votre album de timbres avec des coins photo ou acheter un album rien que pour elles. Si vous préférez, conservez les enveloppes oblitérées dans des pochettes en plastique transparent que vous rangerez dans une boîte en carton.

Une autre idée est de modifier votre album de timbres en y faisant des fentes dans lesquelles

Coins photo

Espace pour en-tête

Marquez au crayon l'emplacement de chaque fente

vous glisserez les enveloppes de façon à ne laisser apparaître que l'oblitération.

Pour ceci, disposez d'abord les enveloppes sur la page en laissant de la place pour l'en-tête et les légendes. Repérez avec un crayon la position du bas de chaque oblitération en vous assurant que l'enveloppe du bas ne dépasse pas de la page. Puis, aidez-vous des lignes horizontales du quadrillage pour faire les fentes en centrant les enveloppes à l'aide des lignes verticales. Glissez les enveloppes dans les fentes et fixez-les avec des coins photo en haut et en bas (sur le verso de la page pour les coins du bas).

Timbres anciens, rares et de valeur

Les premiers timbres

 Penny noir

 Deux pence bleu (première version)

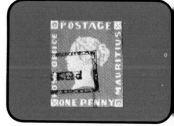 Première version du Penny rouge

Le premier timbre avec de la gomme au verso fut émis en Grande-Bretagne en 1840. Il s'agit du Penny noir. Bien qu'il ne fût utilisé que durant une seule année, plusieurs millions d'exemplaires furent émis. Aussi ce timbre n'est-il pas très rare. Mais comme beaucoup de collectionneurs veulent posséder un exemplaire du premier timbre émis, tous ceux qui sont en bon état sont relativement chers (environ 25 000 francs pour un exemplaire neuf et 1 500 pour un oblitéré).

Les timbres de deux pence furent émis peu de temps après le Penny noir et utilisés durant 40 ans, en subissant trois modifications successives de leur dessin. Ce timbre est plus rare que le Penny noir et vaut environ deux fois plus. Les trois versions postérieures valent beaucoup moins. Le Penny noir et le Deux pence bleu n'étaient pas perforés; il fallait donc les découper.

Le cachet utilisé pour oblitérer ces timbres représentait une croix de Malte rouge. Contrairement à ce qui est fait aujourd'hui, ce cachet était mis en plein sur le dessin du timbre. Il était possible, en lavant le timbre, d'éliminer cette croix rouge et de réutiliser le timbre. On a donc remplacé la couleur rouge par du noir, mais comme cela ne se voyait pas beaucoup sur le Penny noir, ce timbre a été retiré de la circulation en 1841.

Le Penny noir a alors été rempla[cé] par le Penny rouge (décrit comm[e] brun dans les catalogues). Comm[e] le Deux pence bleu, le Penny ro[uge] a été utilisé jusqu'en 1880 en subissant quelques modificatio[ns] mineures du dessin. Les perforations furent introduites e[t] on commença alors à imprimer, [sur] les marges, les numéros des plaques ayant servi à l'impressio[n.] Certains Penny rouges ont une grande valeur.

Après la Grande-Bretagne, ce fut le canton de Zurich (Sùisse) qui émit les premier timbres en 1843, suivi, peu de temps après, par les cantons de Bâle et de Genève.

Le Brésil émit aussi ses premiers timbres en 1843. Les premiers timbres brésiliens sont connus sous le nom de "œils-de-boeuf" et certains ont beaucoup de valeur.

Dans la liste des premiers pays émetteurs de timbres viennent ensuite les Etats-Unis. Ce timbre à l'effigie de Benjamin Franklin et un autre à l'effigie de George Washington furent émis en 1847.

L'île Maurice émit, elle aussi, se[s] premiers timbres en 1847. Les 5e premiers timbres de un et deux pences portaient l'inscription "P[ost] office" (bureau de poste) au lieu [de] "Post paid" (taxe postale payée). Cela fut modifé dans les émissio[ns] suivantes, mais les rares "Post office" qui subsistent valent plusieurs millions de francs.

Timbres sur timbres

La plupart des tous premiers timbres sont beaucoup trop chers pour les collectionneurs amateurs. Mais il existe beaucoup de timbres plus récents qui les reproduisent. Vous pouvez monter une collection mondiale de ces timbres sur timbres. Beaucoup d'entre eux comportent les reproductions du premier timbre du pays émetteur et du Penny noir ainsi que le portrait de Rowland Hill, qui fut celui qui introduisit le Penny noir.

Evolution des dessins

Emission
illustrée de 1910

Emission commémorative
de 1898

Canada 1928   Canada 1977

Autriche 1916   Autriche 1973

France 1906   France 1977

Belgique 1883   Belgique 1977

...les premières émissions, les timbres
...ent du succès auprès des collectionneurs.
...dessinateurs recherchèrent donc
...dement de nouveaux sujets. Dès la fin du
...siècle, les premiers timbres illustrés
...nt émis et au début du siècle les
...niers timbres commémoratifs.

Les premiers timbres avaient souvent les
thèmes suivants: les dirigeants des pays,
leurs armoiries, des figures mythologiques,
des symboles (par exemple, le cor de poste
dont se servaient les facteurs pour annoncer
l'arrivée du courrier) ou juste des chiffres.

Maintenant, alors que beaucoup de pays
émettent des timbres courants ayant
d'autres thèmes (comme les paysages
autrichiens ou la flore canadienne), certains
ont encore des dessins traditionnels. Voici
quelques timbres d'usage courant pour que
vous puissiez comparer leurs dessins.

Le premier timbre de forme bizarre

Plaques à "touches"

Premières collections

...ci le premier timbre qui n'était ni carré ni
...tangulaire. Il fut émis en 1853 au cap de
...nne-Espérance. Sa forme triangulaire fut
...isie parce qu'elle est facilement
...onnaissable, ce qui facilitait le tri du
...urrier.

Les pays qui avaient des colonies imprimaient
souvent des timbres avec le même dessin en
utilisant des plaques à "touches". Seuls le
nom de la colonie et la valeur étaient
imprimés séparément. Voici quelques timbres
imprimés au début du 20e siècle pour les
colonies britanniques.

Les gens collectionnèrent les timbres dès leur
apparition, mais ils ne pensaient pas qu'ils
pourraient prendre de la valeur et n'en
prenaient pas grand soin. Des milliers de
Penny noirs furent utilisés pour décorer des
éventails et des vases.

Union Postale Universelle (UPU)

Autrefois, il était très compliqué de faire
traverser les frontières aux lettres. Mais
en 1874, l'UPU fut créée: chaque pays
membre de cette union accepta de
distribuer le courrier provenant des
autres pays membres. Aujourd'hui, l'UPU
est toujours responsable de l'organisation
de la coopération entre les services
postaux des différents pays. Chaque
nouveau timbre doit être soumis à l'UPU
afin qu'elle puisse mettre à jour la liste
des timbres véritables. Amusez-vous à
rechercher le sigle UPU sur les timbres
commémorant les services postaux.

Le timbre le plus célèbre

Il n'existe plus, pour beaucoup de timbres,
qu'un seul exemplaire, mais celui-ci émis en
1856 par la Guyane britannique (maintenant la
Guyane) est le plus célèbre. Il fut trouvé en 1873
par un garçon de 12 ans qui le vendit environ
5 francs. En 1980, il fut vendu environ 4 000 000
de francs. Relativement à sa taille et à son
poids, c'est probablement l'objet le plus cher
du monde.

Qu'est-ce qui donne de la valeur à un timbre?

Si beaucoup de personnes désirent
acquérir un timbre dont il existe peu
d'exemplaires, la valeur de ce timbre
augmente.

Sauf dans le cas des timbres très anciens
ou très rares, pour avoir de la valeur, un
timbre doit être en bon état. Vous devez
donc garder ceci en mémoire si vous voulez
vendre, un jour, votre collection, mais
rappelez-vous que "bon état" ne signifie
pas forcément neuf.

Il n'est pas possible de savoir quels sont
les timbres qui prendront de la valeur.
Acheter les séries des timbres d'usage
courant qui ne sont valables que pendant
une durée limitée n'est pas une mauvaise
idée. Toutes les collections spécialisées en
bon état représentent un investissement
solide.

Poste aérienne et poste maritime

Certains collectionneurs aiment se spécialiser dans le courrier aérien ou maritime. Cela revient relativement cher, mais vous pouvez quand même rencontrer des choses du type de celles montrées ici. Les enveloppes du courrier aérien et dû courrier maritime portent souvent beaucoup d'informations. Les plus vieilles indiquent même le nom du bateau ou de l'avion qui les a transportées. Ne découpez pas ces enveloppes, surtout les vieilles, car cela réduirait leur valeur.

Si vous vous spécialisez dans la collection du courrier aérien, en plus des timbres, collectionnez les aérogrammes, les enveloppes de premier vol et les étiquettes.

Timbres de la poste aérienne

Beaucoup de pays émettent des timbres spéciaux pour la poste aérienne. Les grands pays qui utilisent la voie aérienne pour transporter leur courrier interne émettent parfois des timbres différents pour les postes aériennes interne et externe. Si vous en possédez, séparez-les des timbres généraux de la poste aérienne. Vous en verrez quelques exemples page 4.

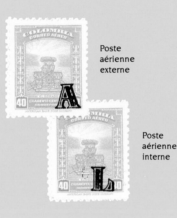

Poste aérienne externe

Poste aérienne interne

Etiquettes

Les étiquettes de la poste aérienne sont généralement bleues et portent l'inscription "Par Avion" écrite, d'une part, en français et, d'autre part, en la langue locale. Vous pouvez les monter dans votre album selon l'ordre alphabétique des pays, mais il vaut mieux les séparer des timbres. N'oubliez pas qu'il ne faut jamais découper une enveloppe intéressante.

Etiquette indienne

Etiquette polonaise

Etiquette portugaise

Etiquette chinoise

▲ Enveloppe première traversée

Avant l'apparition des avions, tout le courrier qui devait traverser les mers était transporté par bateau.

Il y a peu de temps encore des enveloppes spéciales étaient produites pour commémorer les premières traversées des gros bateaux qui transportaient du courrier. Elles étaient oblitérées avant d'être montées à bord ou au port d'arrivée pour le courrier posté en mer. Ces enveloppes sont moins rares que les enveloppes de premier vol et ne sont pas chères. Vous pouvez vous les procurer facilement.

Lettres "paquebot"

Le mot paquebot était écrit sur beaucoup de lettres qui étaient postées en mer au début du siècle. C'est l'Union Postale Universelle qui décida dans les années 1890 que toutes les oblitérations des lettres postées à bord comporteraient ce mot. La lettre ci-dessous fit la traversée de la Jamaïque au port de Bristol en Grande-Bretagne où elle fut oblitérée. Vous remarquerez que cette lettre porte aussi l'inscription "ocean mail" (courrier de l'océan). On inscrit encore aujourd'hui le mot paquebot sur certaines lettres postées en mer.

▼

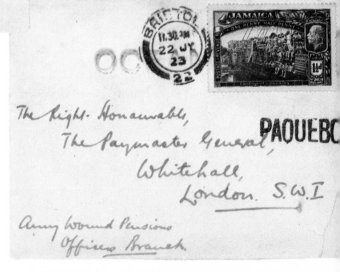

Poste par pigeons

Avant l'apparition des téléphones et des télégrammes, les pigeons étaient utilisés pour transporter rapidement le courrier. Des timbres spéciaux furent émis pour ce type de courrier. Celui-ci était utilisé pour le service entre les îles anglo-normandes de Guernesey et d'Herm. Les feuilles légères utilisées pour écrire les lettres transportées par pigeon s'appellent des pigeongrammes. La poste par pigeon est encore utilisée de nos jours occasionnellement comme ruse.

Enveloppes premier vol

Ces enveloppes sont produites pour un vol inaugural ou, comme celle-ci, pour commémorer l'ouverture d'une nouvelle voie de transport aérien du courrier. Beaucoup de services réguliers furent mis en place dans les années 1920 et 1930 et, aujourd'hui, le transport du courrier se fait plus par voie aérienne que par voie maritime. Les enveloppes de premier vol sont relativement rares.

Courrier par roquettes

Le transport du courrier par roquettes a été beaucoup expérimenté, surtout en Inde et aux Etats-Unis. Ce timbre a été émis pour quelques vols expérimentaux en Ecosse entre les îles de Scarp et les îles Harris. Les timbres du courrier par roquettes ne valent pas très cher. Aujourd'hui, ce type de transport du courrier est seulement utilisé comme astuce.

Enveloppes naufragées

Ce sont des enveloppes qui ont été sauvées d'un naufrage. Celle-ci fut repêchée après que l'hydravion qui la transportait de la Papouasie-Nouvelle Guinée jusqu'en Angleterre fut tombé dans la mer au large de la Grèce en 1936. Les enveloppes naufragées sont souvent très abîmées. Parfois, le timbre est complètement délavé. Mais, comme elles sont rares et très recherchées, cela ne diminue pas leur valeur.

▼

▲
Premiers courriers maritimes

Beaucoup de lettres furent transportées sur des bateaux privés et la taxe postale incluait une certaine somme pour le capitaine. Ce type de courrier a, soit des timbres du pays d'où il est envoyé, soit, s'il a été posté à bord, des timbres du pays d'origine du bateau. Il était généralement oblitéré dans le premier port du pays de sa destination où le bateau accostait. Cette lettre a été postée sur un bateau anglais allant de Gibraltar à Liverpool en Angleterre. Recherchez les vieilles enveloppes qui portent l'inscription "Ship letter" (lettre par bateau) ou l'équivalent dans une autre langue. La plupart sont maintenant rares et ont de la valeur, comme celle-ci.

Identifier les timbres

Il est difficile de déterminer le pays d'émission d'un timbre quand le nom de celui-ci est très différent de sa traduction en français. Et, si on ne connaît pas le pays d'émission d'un timbre, on ne sait pas où regarder dans les catalogues pour le retrouver, car les timbres y sont classés par pays.

Voici une liste des noms et sigles de pays que vous pourrez voir sur les timbres (à gauche) et leur équivalent en français (à droite).

Si vous n'arrivez quand même pas à retrouver un timbre dans un catalogue, c'est peut-être que son pays d'émission est ou fut une colonie ou une possession d'un autre pays sous lequel il est classé. De même, si un pays fait maintenant partie d'un autre pays, c'est sous ce dernier que le timbre sera classé.

En cas de doute, la meilleure manière de localiser un timbre est de consulter un catalogue mondial (ceux de Stanley Gibbons ou d'Yvert et Tellier par exemple), dans lequel les pays sont classés strictement par ordre alphabétique.

Au début de la liste des timbres de chaque pays, vous trouverez des informations concernant ce pays. Ces renseignements vous permettront de savoir où chercher ce timbre dans un catalogue plus spécialisé afin d'obtenir plus de détails.

Afghanes: Afghanistan
Africa occidental española: Afrique occidentale espagnole
Africa orientale italiana: Afrique orientale italienne
Argentina: Argentine
Australia: Australie

Basutoland: Lesotho
Bayern: Bavière
Bechuanaland: Botswana
Belgie: Belgique
Bermuda: Bermudes
Böhmen und Mähren: Bohême et Moravie
Bolivia: Bolivie
Brasil: Brésil
Braunschweig: Brunswick

Cabo verde: Iles du Cap-Vert
CCCP: URSS
Ceskoslovensko: Tchécoslovaquie
Chile: Chili
Colombia: Colombie

Danmark: Danemark
DDR: Allemagne de l'Est
Deutsche Bundespost: Allemagne de l'Ouest
Deutsche Demokratische Republik: Allemagne de l'Est
Deutsche Post: Allemagne
Deutsches Reich: Allemagne
Dominicana: République dominicaine

Eesti: Estonie
Eire: Irlande
España ou Española: Espagne
Ethopia: Ethiopie

Fiji: Fidji (îles)
Føroyar: Iles Féroé

Grønland: Groenland
Guinea ecuatorial: Guinée-Equatoriale
Guinea españa ou española: Guinée espagnole
Guiné portuguesa: Guinée portugaise

Hellas: Grèce
Helvetia: Suisse

India: Inde (République de l')

India portuguesa: Indes portugaises
Island: Islande
Italia ou Italiana ou Italiane: Italie

Jordan: Jordanie
Jugoslavija: Yougoslavie

Kibris: Chypre
KSA: Arabie Saoudite

LAR: Lybie
Latvija: Lettonie
Leeward Islands: Sous-le-Vent (îles)
Lietva: Lituanie

Macau: Macao
Magyar: Hongrie
Magyarorszag: Hongrie
Malta: Malte
Marruecos: Maroc espagnol
Mauritius: Maurice (île)
Melayu: Malaisie
Mexico: Mexique
Moçambique: Mozambique

Nederland: Pays-Bas
Nederlandsch-Indië ou Ned Indië: Indes hollandaises (orientales)
Nederlandse Antillen: Antilles néerlandaises
New Zealand: Nouvelle-Zélande
Nippon: Japon
Norge: Norvège

Österreich ou Österreichisch: Autriche

Papua New Guinea: Papouasie-Nouvelle-Guinée
PDR Yemen: République démocratique du Yémen
Persanes: Iran
Peru: Pérou
Pilipinas: Philippines
Polska: Pologne
Portuguesa: Portugal
Preussen: Prusse

Reichspost: Allemagne
RF: République française
Rheinland Ffalz: Rhénanie-Palatinat
Romana: Roumanie

RP Romina: Roumanie
RSA: Afrique du Sud

SA: Arabie Saoudite
Saarland: Sarre
Sachsen: Saxe
Sahara espana ou español: Sahara espagnol
Shqipenie ou Shqipni ou Shqiperia ou Shqiperise ou Shqyptare: Albanie
Siam: Thaïlande
Slovensko: Slovaquie
S. Marino: San Marino
State of Kuwait: Koweït
STT Vuja: Trieste
Suid-Afrika: Afrique du Sud
Suidwes-Afrika: Afrique du Sud-Ouest
Suomi: Finlande
Sverige: Suède
SWA: Afrique du Sud-Ouest
Syria: Syrie

Toga: Tonga
Trinidad and Tobago: Trinité-et-Tobago
Türkiye: Turquie

UAE, United Arab Emirates: Emirats arabes unis
UAR: Egypte ou Syrie
US: Etats-Unis d'Amérique

Vaticane: Vatican
Viet-nam Cong-Hoa: Vietnam du Sud
Viet-nam Dan Chu Cong Hoa: Vietnam du Nord

Wales: Pays de Galles

YAR: République arabe du Yémen

Z. Afr. Republiek: Transvaal
Zambia: Zambie

Souvenez-vous que les timbres britanniques ne comportent pas le nom du pays d'émission, mais seulement l'effigie du monarque.

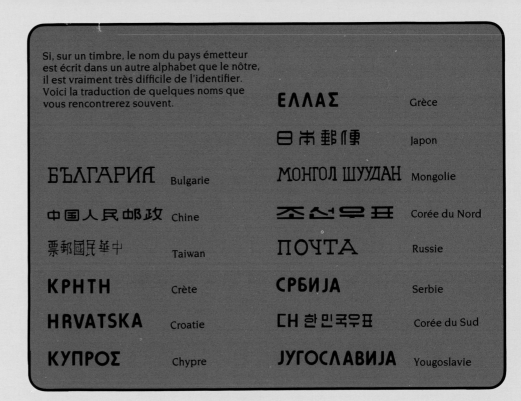

Si, sur un timbre, le nom du pays émetteur est écrit dans un autre alphabet que le nôtre, il est vraiment très difficile de l'identifier. Voici la traduction de quelques noms que vous rencontrerez souvent.

ЕΛΛΑΣ	Grèce
日本郵便	Japon
БЪЛГАРИЯ	Bulgarie
МОНГОЛ ШУУДАН	Mongolie
中国人民邮政	Chine
조선우표	Corée du Nord
票郵國民華中	Taiwan
ПОЧТА	Russie
KPHTH	Crète
СРБИЈА	Serbie
HRVATSKA	Croatie
CH 한민국우표	Corée du Sud
ΚΥΠΡΟΣ	Chypre
JУГОСЛАВИЈА	Yougoslavie

Comment utiliser un catalogue

Vous apprendrez beaucoup de choses sur les timbres dans les catalogues. Ceux-ci sont en fait une liste de prix établie par les marchands de timbres, mais ils fournissent beaucoup d'informations sur chaque timbre et peuvent donc être utilisés comme livres de référence. En Grande-Bretagne, Stanley Gibbons et, en France, Yvert et Tellier publient des catalogues mondiaux. Il existe aussi des catalogues plus spécialisés avec un ou plusieurs pays (Cérès et Yvert et Tellier pour les publications en français). Dans ces catalogues, les timbres sont classés par pays d'émission dans l'ordre chronologique. Ils sont assez chers, mais vous pouvez obtenir une édition de l'année précédente à un prix réduit. Si vous ne voulez pas en acheter, vous pouvez les consulter dans les bibliothèques publiques ou dans les clubs philatéliques.

Au premier abord, ces catalogues semblent difficiles à utiliser. En fait, ils ne le sont pas. Commencez par chercher le pays d'émission de votre timbre. Puis recherchez ce timbre dans la liste des timbres de ce pays. Dans les catalogues, tous les timbres ne sont pas reproduits mais, en général, il y a pour chaque série un timbre reproduit. Ceux qui ne le sont pas sont décrits en détail.

Si vous ne trouvez pas votre timbre dans les catalogues, il peut y avoir à cela plusieurs explications: soit ce timbre n'est pas un timbre-poste ordinaire mais un timbre à usage spécial ou un timbre local, soit ce timbre est faux. Quelques catalogues répertorient ces timbres (exceptés les faux timbres) en fin de liste des timbres de chaque pays. Si vous ne trouvez votre timbre dans aucun catalogue, demandez conseil à un collectionneur plus averti que vous.

Cet extrait de catalogue de Stanley Gibbons concerne deux séries de timbres. Vous pouvez y voir le genre d'informations fournies dans les catalogues les plus détaillés.

Numéro du dessin.

Sujet de l'émission.

Date de l'émission.

Numéro du timbre (alloué par les éditeurs du catalogue).

Dénomination du timbre (ici, il s'agit d'un timbre avec une surtaxe de charité).

Les chiffres en gras se rapportent au numéro de l'illustration en haut à gauche.

Feuillet.

Noms des dessinateurs.

Procédé d'impression utilisé

Sujet général de la série.

Type de la dentelure.

Cote du timbre oblitéré (colonne de droite).

Cote du timbre neuf (colonne de gauche).

Se réfère à l'illustration en haut à droite.

Sujets des dessins non reproduits.

Glossaire

Quand vous commencerez à collectionner les timbres, vous entendrez des termes techniques que vous ne comprendrez pas. Voici une liste de quelques-uns de ces termes. Les plus courants sont expliqués tout au long de ce livre, aussi, si le mot que vous cherchez n'est pas dans cette liste, recherchez-le dans l'index.

Adhésif: timbre gommé, par opposition aux timbres déjà imprimés (entiers postaux).

Aérogramme: feuille de papier léger qui comporte un timbre imprimé. Se replie pour former une enveloppe.

Bande: ensemble horizontal ou vertical de deux timbres ou plus qui ne sont pas séparés.

Bloc: ensemble d'au moins quatre timbres non séparés disposés autrement qu'en bande.

Bloc de coin: bloc de timbres provenant d'un coin d'une feuille de timbres.

Cachet: marque indiquant que la taxe postale a été payée ou devra être payée.

"Cancelled": mot anglais qui signifie annulé et qui est apposé sur des timbres neufs après démonstration.

Classiques: premiers timbres émis avant 1875.

Commémoratifs: timbres émis pour célébrer un anniversaire ou un événement particulier.

Contrefaçon: imitation illégale d'un timbre.

Décoloré: timbre qui a été décoloré par l'eau ou le soleil.

Démonétisé: timbre qui n'est plus valable pour le courrier, car il a été retiré de la circulation.

Dénomination: valeur d'affranchissement.

Emission: ensemble de timbres identiques produits et mis en vente en même temps.

Emissions omnibus: émissions conjointes.

Entiers postaux: enveloppes, cartes ou autres papiers avec un timbre déjà imprimé dessus.

Epreuves: essais d'impression d'un timbre avant de débuter sa production complète.

Erreur: timbre qui comporte un ou plusieurs défauts d'impression, de perforations ou de dessin.

Essais: suggestions de dessin pour un nouveau timbre.

Feuille: feuille utilisée dans les imprimantes pour l'impression des timbres. Elle comporte généralement quatre panneaux. Quand les imprimantes utilisent des rouleaux de papier, ceux-ci sont ensuite découpés en feuilles.

Filet d'encadrement: ligne de couleur qui encadre les feuilles de timbres.

Filigranes: marques inscrites dans l'épaisseur du papier du timbre, en cours de fabrication. Utilisés pour éviter les contrefaçons.

Paire avec interpanneau

Timbre fiscal

SPECIMEN

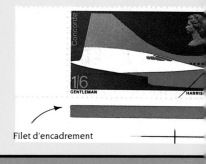

Filet d'encadrement

Pour en savoir plus

Clubs philatéliques

Dans un club, vous rencontrerez des personnes qui ont la même passion que vous. Certaines, plus expérimentées que vous, pourront vous conseiller. Vous pourrez y consulter ou y emprunter des catalogues et des livres et y faire des échanges. Enfin, vous y serez informé des expositions et des compétitions qui ont lieu. La plupart de ces clubs ont des tarifs préférentiels pour les jeunes. La Fédération des Sociétés Philatéliques (7, rue Saint Lazare, 75009 Paris) peut vous fournir les adresses des clubs sur simple demande. Vous pouvez aussi vous renseigner auprès de la bibliothèque la plus proche de chez vous. Il existe des clubs locaux et des clubs nationaux. Certains ont des membres du monde entier. L'American Topical Association (3306 North 50th Street, Milwaukee, Wisconsin 53216, USA) est très utile pour les gens qui font des collections par thèmes. Si vous lui écrivez, n'oubliez pas de joindre à votre demande d'informations un coupon international pour la réponse.

Revues philatéliques

Vous y trouverez des publicités pour les marchands de timbres avec des informations sur ce qu'ils proposent à leurs clients. Ces revues vous tiendront au courant des expositions et des ventes aux enchères qui ont lieu. En France il existe 5 revues mensuelles que vous trouverez dans les librairies ou auxquelles vous pouvez vous abonner.

Timbroscopie (Editions Timbropresse, 33, rue de Chazelles, 75850 Paris Cedex 17)

Le monde des philatélistes (5, rue Antoine Bourdelle, 75015 Paris)

L'écho de la timbrologie (37, rue des Jacobins, 80036 Amiens Cedex)

Timbroloisirs (Editions Timbropresse)

La philatélie française (7, rue Saint Lazare, 75009 Paris; uniquement par abonnement)

Timbrojournal (Editions Timbropresse; exclusivement pour les petites annonces)

cal: timbre non utilisé pour le courrier
is pour payer des taxes.

stré: timbre avec une illustration.

erpanneau: espace entre deux panneaux
timbres d'une même feuille.

os: mélange de timbres vendus au poids.

uf: timbre non oblitéré en parfait état.

n perforé: timbre sans perforations.

litération: cachet apposé sur les timbres
courrier pour qu'on ne puisse pas les
utiliser.

litération manuelle: cachet apposé à la
ain et non mécaniquement.

ire: deux timbres non séparés.

rforations: lignes de petits trous faits entre
s timbres pour qu'ils puissent être séparés
cilement.

ilatélie de Cendrillon: collection de
mbres locaux, d'émissions privées, de
mbres fiscaux, d'étiquettes et de faux
mbres.

Plaque: pièce métallique qui comporte le
dessin du timbre et qui est utilisée pour
l'impression.

Provisoire: timbre utilisé temporairement en
attendant l'émission des nouveaux.

Série: ensemble de timbres ayant le même
sujet et qui recouvrent une gamme de
dénominations. Généralement émis en
même temps ou pendant une période
limitée.

Se-tenant: deux timbres ou plus qui ont, soit
des dessins, soit des couleurs, soit des
valeurs différentes mais qui sont attachés.

Surplus: stocks restant à la Poste quand un
timbre est retiré de la circulation. Les surplus
sont souvent vendus, pour peu, aux
marchands de timbres.

Tête-bêche: paire de timbres non séparés
qui n'ont pas le dessin dans le même sens.

Trucage: timbre qui a été retouché pour
paraître valoir plus. Se dit aussi d'un timbre
abîmé qui a été réparé.

"Usé": timbre oblitéré en parfait état.

Valeur: – valeur d'affranchissement
(dénomination)
       – prix d'achat d'un timbre de
collection (cote).

Variété: timbre différent des autres du
même lot à cause d'un incident
d'impression.

Timbres se-tenant

Deux timbres
d'émissions
omnibus

Une bande

Une paire tête-bêche

PITCAIRN ISLANDS

ASCENSION ISLAND

Canada

HELVETIA

Livres

La Passion des Timbres (Larousse), de
Brenda Ralph Lewis, adapté par Jean-
Bernard Brisson

Catalogues

En France, Yvert et Tellier et Cérès publient
des catalogues, en Grande-Bretagne Stanley
Gibbons, aux Etats-Unis Walter Scott et
Minkus et en Allemagne Michel. Il existe des
catalogues généraux et des spécialisés.

Marchands

Vous trouverez leurs adresses dans leurs
publicités, dans les revues philatéliques.
Vous pouvez aussi vous renseigner auprès
de la Chambre Nationale des Négociants et
Experts en Philatélie (CNEP, 4, rue Drouot,
75009 Paris).

Points philatéliques

Ce sont des guichets spéciaux des bureaux de
poste qui vendent toutes les émissions
disponibles ainsi que d'autres produits
philatéliques. Vous pouvez aussi contacter le
Service Philatélique de la Poste (18, rue
François Bonvin, 75758 Paris), qui vend des
timbres par correspondance et qui propose
des abonnements aux nouvelles émissions.

Expositions

La plupart des expositions sont annoncées
dans les revues philatéliques. D'autres, plus
petites, sont organisées par des clubs locaux.
La Fédération Internationale de Philatélie
établit le règlement de ces expositions et les
juges qui en font partie.

Musées

Le musée de la poste (34, boulevard de
Vaugirard, 75015 Paris) possède une collection
de timbres, une bibliothèque et une boutique.
Il existe aussi des musées en province dans
les villes suivantes: Amboise (37), Amélie-les-
Bains (66), Caen (14), Le Luc-en-Provence (83),
Nantes (44), Riquewihr (68), Saint-Flour (15) et
Saint-Macaire (33).

Index